First name: __________

Last name: __________

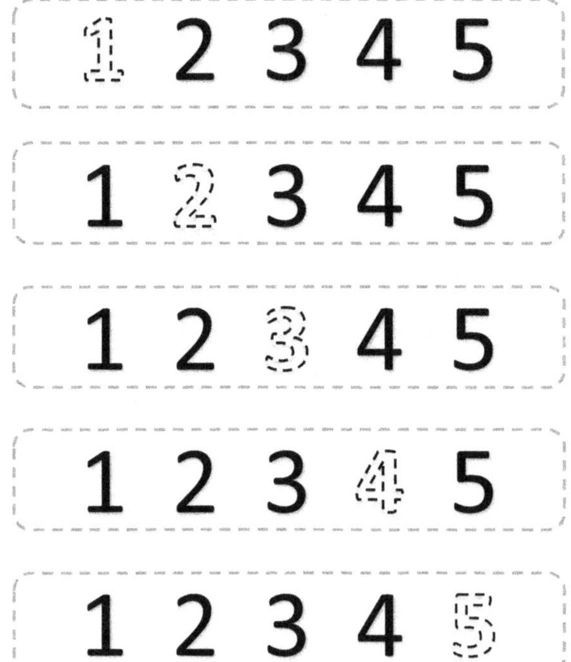

6 7 8 9 10

6 7 8 9 10

6 7 8 9 10

6 7 8 9 10

6 7 8 9 10

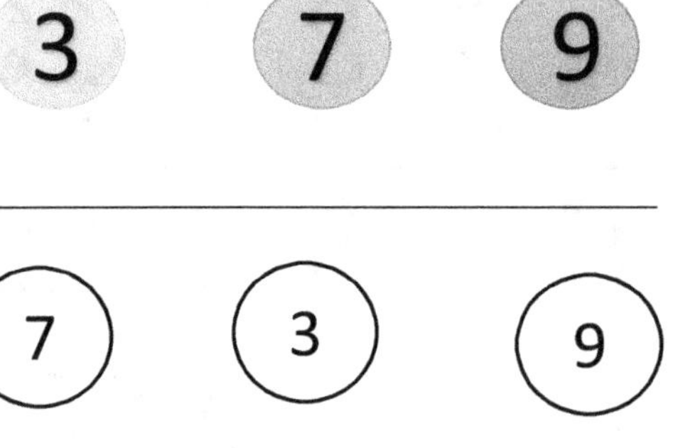

1+1	=	(2)
2+1	=	( )
3+2	=	(5)
5+4	=	( )
6+1	=	(7)

2+2	=	4
7+2	=	
9+1	=	
8+1	=	
5+3	=	

Tree+Tree=...

🍎 = ...

🍎 + 🍎 = ...

🍎 + 🍎 + 🍎 = ...

🍎 + 🍎 + 🍎 + 🍎 = ...

🍎 + 🍎 + 🍎 + 🍎 + 🍎 = ...

Tomato+Tomato+Tomato+Tomato=....

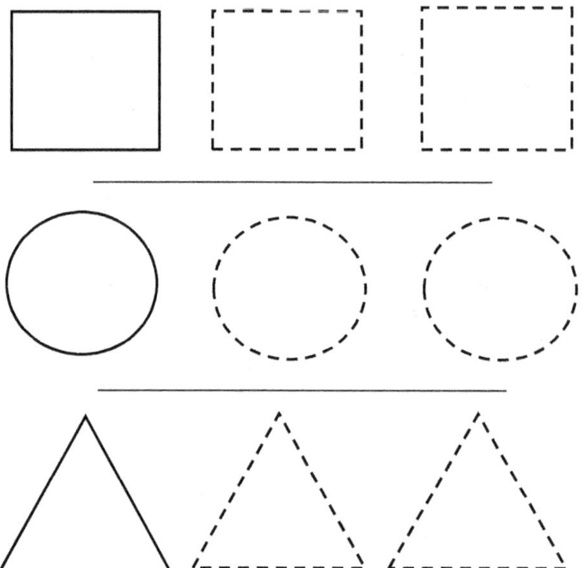

Draw a square,a triangle,and a circle.

Simple geometric shapes:

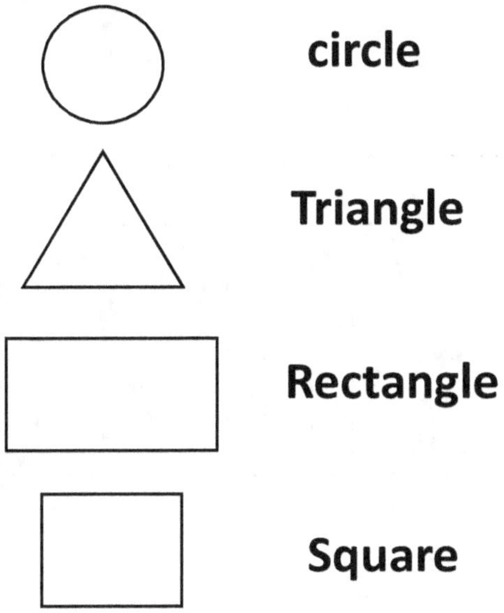

circle

Triangle

Rectangle

Square

1

5

 Monday
Lundi

 Tuesday
Mardi

 Wednesday
Mercredi

Thursday
jeudi

Friday
Vendredi

Saturday
Samedi

Sunday
Dimanche

MONDAY

ONDAY

NDAY

DAY

AY

Y

FRIDAY

RIDAY

IDAY

DAY

AY

Y

Koala+Koala+Koala=...

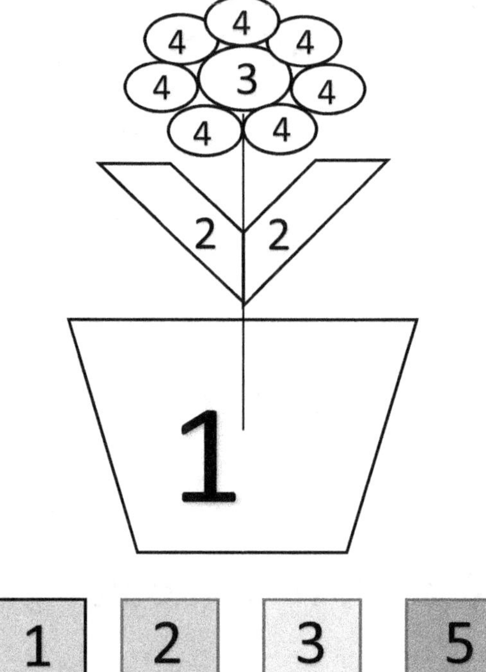

4
4
4
4
3
4
4
4
2
2
1
1
2
3
5

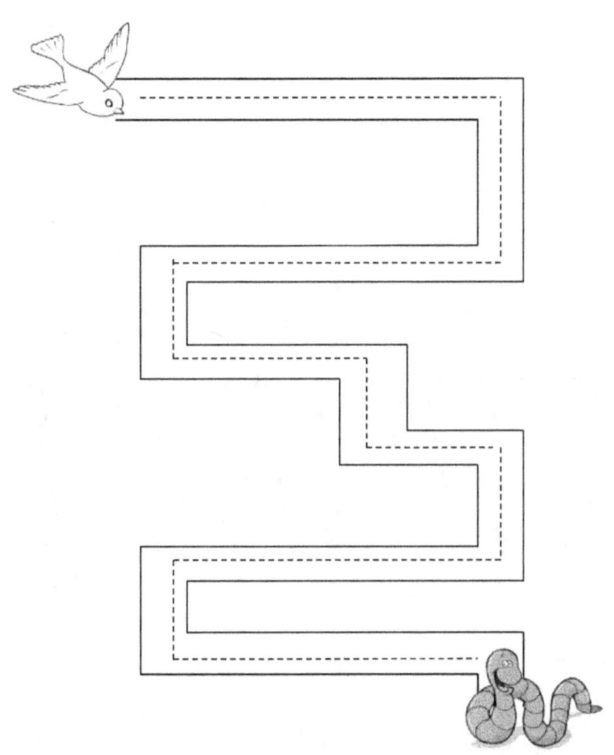

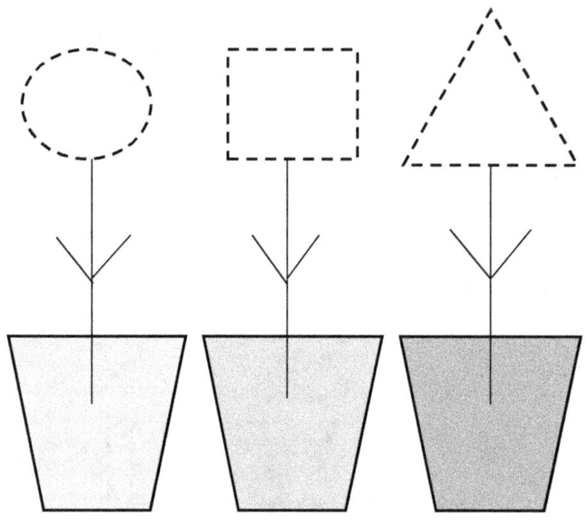

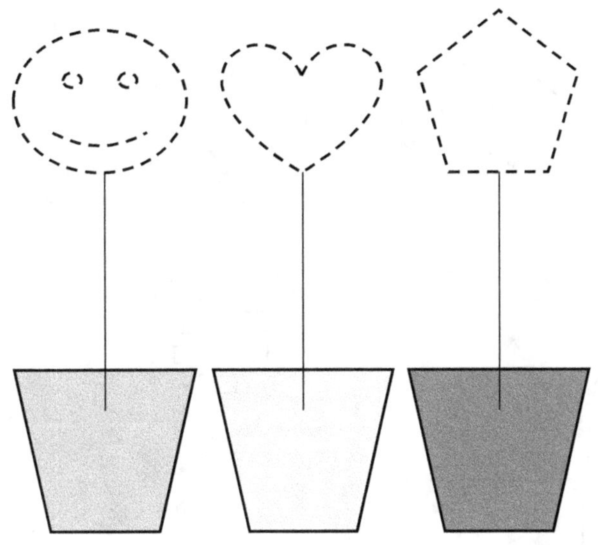

1 OWL

completes the friezes respecting the model.

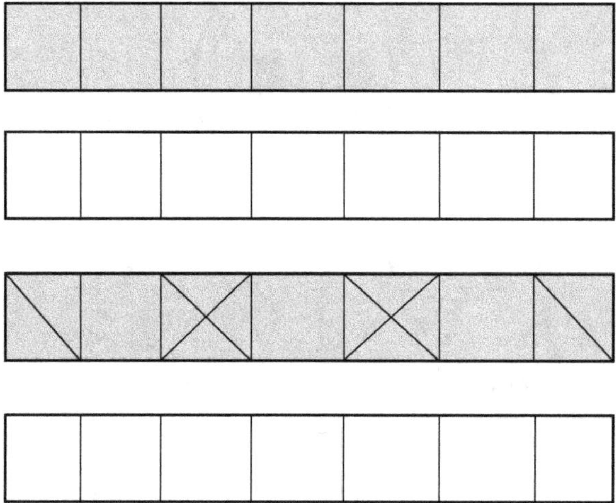

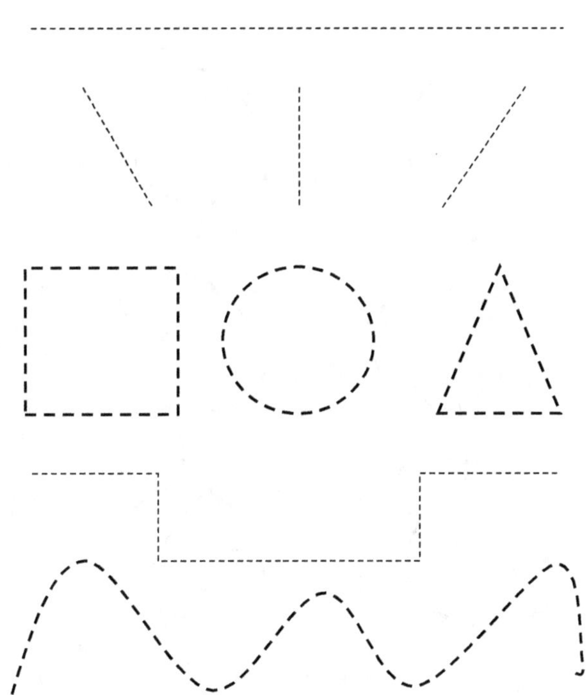

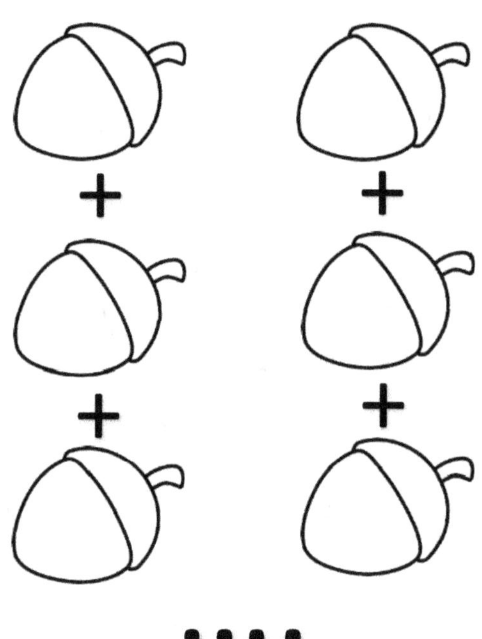

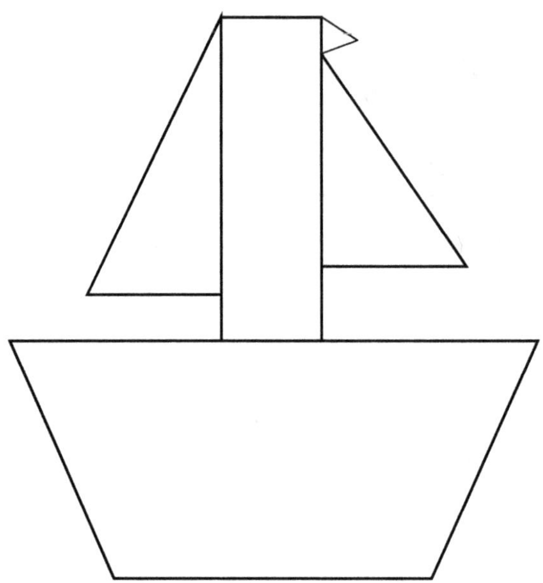

Bon
Courage